BEI GRIN MACHT SICH IHR WISSEN BEZAHLT

- Wir veröffentlichen Ihre Hausarbeit,
  Bachelor- und Masterarbeit

- Ihr eigenes eBook und Buch -
  weltweit in allen wichtigen Shops

- Verdienen Sie an jedem Verkauf

Jetzt bei www.GRIN.com hochladen
und kostenlos publizieren

Axel Bernd Kunze

Haben die politischen Parteien eine Zukunft?

Die Mitgliederpartei auf dem Prüfstand

GRIN Verlag

Bibliografische Information der Deutschen Nationalbibliothek:

Die Deutsche Bibliothek verzeichnet diese Publikation in der Deutschen National-
bibliografie; detaillierte bibliografische Daten sind im Internet über http://dnb.d-
nb.de/ abrufbar.

Impressum:

Copyright © 2005 GRIN Verlag, Open Publishing GmbH
Druck und Bindung: Books on Demand GmbH, Norderstedt Germany
ISBN: 978-3-640-77394-7

Dieses Buch bei GRIN:

http://www.grin.com/de/e-book/162855/haben-die-politischen-parteien-eine-zukunft

GRIN - Your knowledge has value

Der GRIN Verlag publiziert seit 1998 wissenschaftliche Arbeiten von Studenten, Hochschullehrern und anderen Akademikern als eBook und gedrucktes Buch. Die Verlagswebsite www.grin.com ist die ideale Plattform zur Veröffentlichung von Hausarbeiten, Abschlussarbeiten, wissenschaftlichen Aufsätzen, Dissertationen und Fachbüchern.

Besuchen Sie uns im Internet:

http://www.grin.com/

http://www.facebook.com/grincom

http://www.twitter.com/grin_com

Haben die politischen Parteien

eine Zukunft?

Die Mitgliederpartei auf dem Prüfstand

von

Axel Bernd Kunze

(Bamberg)

2010

Die Parteien stecken in der Krise: Zahlreiche Affären haben ihren Ruf beschädigt. Immer weniger wird ihnen zugetraut, die politischen Probleme zu lösen. Die traditionellen Milieus schwinden; die Zahl der Mitglieder sinkt.

Der vorliegende Beitrag[1] reflektiert diese Situation aus christlich-sozialethischer Perspektive und plädiert für eine Erneuerung der bisherigen Mitgliederpartei. Diese bleibt unverzichtbar für die Demokratie; ihre Zukunftsfähigkeit ist daher nicht nur für die Parteien selbst von Belang. Attraktiv werden die Parteien aber nur dann sein (und wieder werden), wenn sie politisch Interessierten effektive Beteiligungsmöglichkeiten anbieten.

Politik sei ein „schmutziges Geschäft", soll Bismarck einst gesagt haben. Oder anders formuliert: Politiker können keine Heiligen sein. Ein Blick in den Heiligenkalender zeigt zahlreiche Gegenbeispiele. Dort finden sich zahlreiche gekrönte Häupter, deren Gedächtnis in der Liturgie seinen Platz hat. In Bamberg wird man dabei zuerst ganz sicher an das heilige Kaiserpaar Heinrich II. und Kunigunde denken. Die beiden Diözesanpatrone werden noch heute als vorbildliche Herrscher und Beispiele christlicher Tugend verehrt. – Doch wie sieht es mit Männern und Frauen aus, die sich in demokratischen Staatswesen dem Geschäft der Politik

---

[1] Dabei handelt es sich um die leicht überarbeitete Fassung des Promotionsvortrags (Lectio brevis) des Verfassers, gehalten auf einer Akademischen Feier der Fakultät Katholische Theologie der Otto-Friedrich-Universität Bamberg am 4. Februar 2005.

verschrieben haben? Dort scheint es wenig Platz für das Streben nach persönlicher Tugendhaftigkeit zu geben. Diesen Eindruck vermitteln zumindest viele Skandalgeschichten, die mit schöner Regelmäßigkeit das mediale Licht der Öffentlichkeit erblicken.

Parteipolitik hat keinen besonders guten Ruf. Die Geschichte der Bundesrepublik Deutschland ist immer wieder von kritischen Diskussionen über die Parteien und ihren Einfluss auf Staat und Gesellschaft begleitet gewesen. Zu Beginn der Neunzigerjahre hatte sich sogar der damalige Bundespräsident, Richard von Weizsäcker, die Kritik an den Parteien und am gegenwärtigen Zustand der Parteiendemokratie zu eigen gemacht. Zeitgleich wurde das Wort „Politikverdrossenheit" 1992 zum „Wort des Jahres" gekürt. Die Diskussion verebbte seinerzeit aber weitgehend folgenlos, ohne dass sich das Ansehen der Parteien nachhaltig bessern sollte.

Affären, so der allgemeine Eindruck, scheinen zur politischen Tagesordnung zu gehören: Schwarzgeldaffäre, Bundeslöschtage, bayerischer Amigosumpf, nordrhein-westfälische Flugaffäre, niedersächsische Hochzeitsaffäre, Berliner Bankenkrise, Flugmeilenskandal, Kölner Müllskandal oder die Diskussionen um die Nebentätigkeiten von Politikern bei Bankhäusern, Energie- oder Automobilkonzernen sind nur einige Beispiele aus den vergangenen Jahren.

Auch wenn die Parteien innerhalb unserer repräsentativen Parteiendemokratie eine zentrale und in einigen Bereichen nahezu monopolartige Rolle spielen, hat sich die Christliche Sozialethik, aber auch die lehramtliche Sozialverkündigung bisher erstaunlich wenig mit ihnen beschäftigt. Viele Stellungnahmen laufen im Kern auf eine Tugendethik für Politiker hinaus, mitunter sogar in Anlehnung an die Fürstenspiegel der Renaissancezeit in Form moderner „Politikerspiegel" formuliert. Individuelle Tugendappelle reichen jedoch in einer komplexen Demokratie und ausdifferenzierten Gesellschaft als Grundlage der Politik nicht aus.

Denn die sittliche Gestaltung der politischen Ordnung geschieht in erster Linie über Institutionen und Regeln, die es dem Einzelnen ermöglichen, in Gemeinschaft mit anderen darüber zu bestimmen, wie das gemeinschaftliche Zusammenleben gestaltet sein soll. Nicht Fragen der Selbstbestimmung, sondern der Mitbestimmung stehen daher für die politische Ordnung im Vordergrund, auch wenn der Einzelne damit keineswegs von jeglicher persönlicher Verantwortung dispensiert ist.

Doch politisches Handeln ist gerade deshalb verantwortbar, weil es auf gestaltbaren und öffentlich zugänglichen Institutionen und dann auch damit verbundenen Kontrollmechanismen beruht. Politische Entscheidungen vollziehen sich über den Weg politischer Gremien, also über kleine Kollektive, denen die Verantwortung übertragen wurde, für die Allgemeinheit verbindliche Beschlüsse zu fällen. In der Politik geht es vorrangig um kollektivierte Entscheidungen. Politisch Verantwortliche handeln nicht in erster Linie als Privatpersonen, sondern als Mandatsträger oder als Inhaber von Parteiämtern. Für die ethische Beurteilung politischen Handelns kann dies nicht folgenlos bleiben.

Das Gemeinwohl ist nicht substantiell vorgegeben, sondern kann nur in steter politischer Aushandlung verwirklicht werden. Wichtig ist allerdings, dass der politische Streit öffentlich, kompromissorientiert und

auf Basis allgemein anerkannter Regeln ausgetragen wird. Glaub-
würdige und belastbare Kompromisse bedürfen der ethischen Anstren-
gung. Der politische Kompromiss, dem im Prozess demokratischer Entscheidungsfindung eine zentrale Rolle zukommt, ist eine Form hand-
lungsorientierter Konfliktbearbeitung, die den Beteiligten neue Handlungsspielräume eröffnen will. Eine Fähigkeit, über die Politiker verfügen
müssen, besteht darin, sachliche Alternativen zu entwickeln, zu ver-
gleichen und politisch gegeneinander abzuwägen. Eine Politik hingegen,
die sich selbst vermeintlich für alternativlos hält, verspielt auf Dauer ihre
eigene Legitimation.

Der Einzelne wird erst dann handlungs-, artikulations- und mit-
bestimmungsfähig, wenn er sich mit anderen zusammenschließt. Aus
diesem Grund wird es in einer freien Gesellschaft mit einem legitimen
Pluralismus an Interessen auch immer wieder zur Bildung politischer
Interessen- und Gesinnungsgemeinschaften kommen, also zu Parteien –
in Deutschland sind dies immerhin knapp unter hundert Groß-, Klein-
und Kleinstparteien. Diese sind in erster Linie freie Zusammenschlüsse
von Bürgerinnen und Bürgern zur Erreichung gemeinsamer politischer
Ziele. Ihre Ausschaltung wäre nur um den Preis der Freiheit möglich.

Das Grundgesetz räumt den Parteien erstmals in der deutschen
Verfassungsgeschichte einen konstitutionellen Rang ein und schreibt
ihnen an vornehmster Stelle die Aufgabe zu, an der politischen Willensbildung des Volkes mitzuwirken (vgl. Art. 21 Abs. 1 GG).

Gegenwärtig sind jedoch Auszehrungserscheinungen der Parteien nicht
mehr zu übersehen. Die traditionellen Milieubindungen werden schwä-

cher, die Zahl der Aktiven sinkt und das mitunter recht deutliche Vereins-
image der lokalen Parteigliederungen ist für jüngere politisch Inter-
essierte kaum noch attraktiv. Parteiarbeit ist mühsam, verlangt Durch-
haltevermögen, setzt auf lokale Verankerung und beansprucht ein hohes
Maß an disponibler Zeit: Erwartungen, die der gestiegenen sozialen
Mobilität, den vorherrschenden beruflichen Anforderungen sowie den
Veränderungen im Werterepertoire der spätmodernen Gesellschaft
immer weniger entsprechen. Gerade die traditionellen Großorganisa-
tionen sind keineswegs Profiteure des sozialen Wandels. Die zahllosen
Reform- und Strukturdebatten, die gegenwärtig nicht allein in den
Parteien geführt werden, machen dies deutlich. Auch in den Kirchen,
Gewerkschaften oder Sozialverbänden beispielsweise laufen ähnliche
Debatten, in denen um veränderte Arbeitsformen, eine zukunftsfähige
Organisationsstruktur und die künftige Rolle der Mitglieder gerungen
wird.

Die aktuellen Veränderungen in den Parteien ergeben keineswegs
ein in allen Aspekten widerspruchsfreies Bild. Doch fällt auf, dass in-
zwischen die traditionelle Mitgliederpartei, die sich als vorherrschendes
Parteienmodell in der Nachkriegszeit durchsetzen konnte, auf dem Prüf-
stand steht. Diese basiert auf einer breiten Mitgliederbasis und einer
nahezu flächendeckenden Parteiorganisation. Noch ist keineswegs entschieden, ob es zu einer Erneuerung der bisherigen Mitgliederpartei
kommen wird oder ob sich ein ganz neuer Parteityp herausbilden wird:
eine Partei, die sich vorrangig als Zusammenschluss professioneller
Politiker und Mandatsträger begreift.

In einer ausdifferenzierten Gesellschaft, die eine Vielzahl verschie-
dener Beteiligungsmöglichkeiten kennt, wird es keinen Rückweg zur
Massenpartei früherer Tage geben können. Vielmehr muss es bei Partei-

reformen darum gehen, die Partizipationspotentiale für jene auszuschöpfen, die sich zu einem parteipolitischen Engagement entschieden haben. Wer heute gesellschaftlich aktiv wird, wägt ab, welcher Ertrag damit verbunden ist. Parteien sind dann attraktiv, wenn sie das anbieten können, was ihre ureigene Funktion ist: dem Einzelnen die Möglichkeit zu eröffnen, sich an den Prozessen der politischen Willensbildung, Entscheidungsfindung und Kandidatenauswahl zu beteiligen.

Die Anforderungen an eine Verantwortungsethik politischer Parteien sollten sich daher am sozialethischen Prinzip der Beteiligungsgerechtigkeit orientieren.

In den bisherigen Mitgliederparteien liegt der Schwerpunkt auf der Organisationspartizipation: Die Hauptaufgabe der Parteimitglieder besteht demnach darin, die Parteirepräsentanten zu wählen und zu kontrollieren. Der tatsächliche Einfluss des Einzelmitglieds, zumal in der Regel bereits auf Kreisebene ein Delegiertensystem greift, bleibt allerdings sehr gering. Wollen die Parteien attraktive Beteiligungsmöglichkeiten anbieten, sollten zum einen verbesserte Möglichkeiten zur inhaltlichen Partizipation geschaffen und zum anderen die Einstiegshürden für die effektive Mitarbeit in einer Partei abgesenkt werden. Dies kann beispielsweise dadurch geschehen, dass solange auf Delegierten- zugunsten von Mitgliederversammlungen verzichtet wird, wie die Effizienz der politischen Entscheidungsfindung nicht beeinträchtigt wird. Zudem sollte überlegt werden, den Antragskommissionen ein eigenes Antragsrecht einzuräumen und dieses so auszugestalten, dass Anträge aus Basisgliederungen leichter zur Abstimmung gelangen können. Ferner ist zu überlegen, die Präsidien der Parteitage nach dem Zufallsprinzip um Mitglieder aus den Delegiertenreihen zu ergänzen.

Quereinsteigermodelle sind in der Diskussion beliebt, führen auf breiter Linie jedoch nicht zu verbesserten Beteiligungsmöglichkeiten. Problematisch daran ist nicht allein, dass durch den Seiteneinstieg von Kandidaten die Chancen langjährig aktiver Parteimitglieder auf ein öffentliches Mandat beschnitten werden könnten. Werden Quereinsteiger von vornherein partiell von einer Mitarbeit in der Parteiorganisation dispensiert, untergräbt dies die politische Rechenschaftspflicht gegenüber den nominierenden Parteigremien. Die Zurechnung politischer Verantwortung ist jedoch entscheidend auf eine klare Zuschreibung von Verantwortlichkeiten und die retrospektive Kontrolle der beauftragten Amtsträger angewiesen.

Die begrenzte Mitarbeit von interessierten Bürgerinnen und Bürgern soll damit nicht ausgeschlossen werden. Gerade die verstärkte Förderung sachbezogener und zeitlich befristeter Projektgruppen ist ein wichtiges Instrument, mit dem gesellschaftliche Kompetenz eingeworben und Lösungen im Verein mit direkt Betroffenen erarbeitet werden können. Derartige Kooperationen sind aber mit einem klaren und für beide Seiten transparenten Auftrag zu verbinden, damit tatsächlich verwertbare Ergebnisse erzielt werden. Zudem dürfen die tatsächlichen Entscheidungsbefugnisse nicht verschleiert werden, indem sich die Parteien entweder unliebsamen Entscheidungen durch „Auslagerung" entziehen oder den Gesprächspartnern eine Entscheidungsvollmacht suggerieren, hinter der tatsächlich nur ein unverbindliches Vorschlagsrecht steckt.

Dies gilt für die Internetangebote der Parteien genauso wie für sachpolitische Netzwerke oder Diskussionsforen, deren Gesprächsbeiträge niemals Eingang in die Parteigremien finden, in denen tatsächlich entschieden wird, sondern die irgendwo im undurchschaubaren Organisationsgestrüpp hängen bleiben und allenfalls die Funktion eines kommunikativen Feigenblatts erfüllen. Derartige fehl-geleitete Kommunikationsangebote können auf Seiten der Adressaten leicht in Frustration umschlagen und so den ohnehin bestehenden Ansehensverlust der Parteien noch weiter verstärken.

Parteistrukturen müssen sich daran messen lassen, ob mit ihnen jeweils wahrnehmbare und effektive Partizipationschancen verbunden sind. Wichtig ist aber auch, dass eine Balance zwischen dem Ziel möglichst großer Beteiligung und der notwendigen Effizienz der politischen Entscheidungsprozesse gehalten wird. Andernfalls kann das Vertrauen in die Problemlösungskompetenz der politischen Akteure schnell verloren gehen.

Ausgehend vom Gedanken der Beteiligungsgerechtigkeit, sollte in den Parteien eine subsidiär qualifizierte Aufgabenverteilung angestrebt werden. Aufgaben sollten erst dann von hauptamtlichen Kräften an sich gezogen werden, wenn diese auf unterer und dort zumeist ehren- oder nebenamtlicher Ebene nicht besser erfüllt werden können.

Zugleich besteht eine subsidiäre Verpflichtung höherer Ebenen, die ehrenamtlichen Kräfte in den Parteien zur Übernahme von Verant-wortung zu befähigen. Dies schließt ein, dass die notwendige Professio-nalisierung, von der in den Strukturdebatten der Parteien viel ge-sprochen wird, auch in die Breite der Parteien wirkt, was ohne eine entsprechende innerparteiliche Bildungsarbeit nicht zu erreichen sein wird. Hieran besteht schon ein Eigeninteresse der Parteien, die zum eigenen Selbsterhalt auf eine hinreichend große Zahl qualifizierter Kandidaten angewiesen sind.

Die Mitgliederparteien vermitteln an ihrer Basis wichtige politische Sozialisationserfahrungen. Dabei geht es nicht nur um das Erlernen technischer und strategischer Politikfähigkeiten, sondern auch um die Weitergabe gemeinsam geteilter Traditionen, Werte und Orientierungen. In diesem Sinne wirken die Parteien als eine Art „politische Standesorganisation", die unter ihren Mitgliedern über den Weg kollektiver Selbstregulierung ein bestimmtes Maß an Wertebindung und die kontinuierliche Weitergabe „kollektiv gespeicherter" Erfahrungen garantiert. Dem kulturethischen Wissen, das die Parteien vermitteln, kommt eine nicht zu unterschätzende Orientierungsfunktion zu: Erst auf Basis einer solchen Wertgrundlage wird die Politik zu nachhaltigen Entscheidungen fähig und ist eine verlässliche Organisation des politischen Prozesses möglich.

Der – anfangs oft recht idealistische – Entschluss, eine Partei durch Mitgliedschaft zu unterstützen, gründet nicht selten darin, die weltanschauliche Richtung, der sich eine Partei verpflichtet weiß und der man selber nahe steht, stützen zu wollen – zumal dann, wenn mit der Mitgliedschaft keine eigenen politischen Karriereziele verbunden werden. Aus dieser Motivation heraus spielt gerade die Parteibasis eine nicht unwichtige Rolle als „kulturethisches Langzeitgedächtnis" einer Partei, das die Entscheidungsträger immer wieder an ihre Verpflichtung gegenüber den gemeinsam geteilten Werten und Traditionen erinnert. Professionalisierte Rahmenparteien, denen diese „Körperfunktion" fehlt, würden an geistiger Orientierungskraft und Kontinuität einbüßen, was der Demokratie und der Legitimität des politischen Systems auf Dauer insgesamt nicht gut täte.

Denn eine Politik, der die Bindung an ein derartiges Orientierungswissen verloren geht, wird insgesamt schnelllebiger, sprunghafter und unberechenbarer. Aktuelle Beispiele kennt die Politik zuhauf. Eines soll an dieser Stelle genügen: 2003 wurde aus einer im Parteienkonsens erarbeiteten „gesundheitspolitischen Jahrhundertreform" binnen einer halben Woche eine Übergangslösung, der allenfalls noch fünf Jahre Haltbarkeit vorhergesagt wurden. Faktisch wurde diese Reform dann bereits vier Jahre später unter der Großen Koalition durch ein erneutes Reformpaket abgelöst.

Der politische „Pragmatiker des Augenblicks" (Thomas Leif), der seine Entscheidungen scheinbar nur noch an aktuellen Stimmungen ausrichtet und – damit zusammenhängend – in immer kürzeren Abständen revidiert – alles frei nach dem Motto: „Hier stehe ich, ich kann auch jederzeit anders" –, verspielt das Zutrauen in seine Kompetenz und schränkt dadurch selbst seine eigenen Entscheidungs- und Handlungsspielräume ein.

Politische Durchsetzungsfähigkeit hängt nicht nur von der richtigen Strategie und Taktik ab, so wichtig beide auch sind. Der beklagte Vertrauensverlust in die Steuerungsfähigkeit und Problemlösungs-kompetenz der politischen Akteure zeigt die Auswirkungen einer Politik, der langfristige Orientierungen verloren zu gehen scheinen und bei der dann nahezu folgerichtig identifizierbare Alternativen, zwischen denen die Wähler sich tatsächlich entscheiden könnten, immer mehr fehlen.

Die Parteimitglieder wirken als gesellschaftlicher Resonanzboden für die Ziele einer Partei, werben im Bekannten-, Kollegen- oder Nach-barschaftskreis dafür und geben ihnen fast wörtlich „ein Gesicht". Die Rückbindung an die Parteibasis sichert den Mitgliederparteien ein nicht

13

zu unterschätzendes Stück Lebensnähe. Denn auf den höheren Parteiebenen laufen die Arbeitsprozesse immer stärker formalisiert und strategisch geplant ab. Die neuerdings in den beiden Volksparteien eingeführten „Regionalkonferenzen" zeigen, dass es die Parteiführungen scheuen, schwerwiegende und umstrittene Entscheidungen ohne Rückbindung an die eigene Basis oder zumindest ohne den Versuch einer Motivierung der eigenen Mitglieder durchzusetzen. Da dieses Instrument der Basis allerdings keine realen Mitentscheidungsrechte einräumt, bleibt es in seiner Wirkung begrenzt und erfüllt keineswegs den Anspruch an eine beteiligungsgerecht organisierte innerparteiliche Willensbildung.

Die Gesellschaft braucht nicht weniger, sondern mehr „Partei" im Sinne eines politischen Interesses anstelle von Teilnahmslosigkeit, im Sinne von engagierter Parteinahme statt unberührter Distanz gegenüber den Anliegen des Gemeinwesens, die alle betreffen und von allen mitgestaltet werden sollten. Der oft zu hörende Satz „Bürger haben die Parteien, die sie verdienen" ist nur dann richtig, wenn er auch in umgekehrter Richtung gelesen wird: „Parteien haben die Bürger, die sie verdienen." Anders gesagt: Die Parteien prägen in entscheidendem Maße – positiv wie negativ – die herrschende politische Kultur.

Bieten die Parteien ihren Mitgliedern und auch darüber hinaus politisch Interessierten effektive Beteiligungs- und Mitbestimmungsmöglichkeiten an, so erweitern sie damit zugleich ihre eigenen Handlungs- und Entscheidungsspielräume. Denn eine mündige, politisch wache, informierte und aufgeklärte Bevölkerung ist insgesamt weniger anfällig für politische Stimmungsschwankungen oder Polarisierungen, trägt politische Entscheidungen aktiver mit und vermeidet leichter überzogene politische Erwartungen.

Daher verbindet sich mit dem Anspruch auf Beteiligungs-gerechtigkeit durchaus auch ein gewichtiges Eigeninteresse der Parteien, mit dem dieser ethisch-normative Anspruch in die politische Handlungslogik der Parteien übersetzt werden kann. Der Blick in die Parteiprogramme zeigt, dass sich im Organisationsethos der Parteien Anknüpfungspunkte für ein gemeinsames Gespräch zwischen Politik und Ethik finden lassen. Ob dieses Gespräch aber gelingt, ist nicht zuletzt eine Frage des politischen Willens.

Doch auch die Sozialethik muss erst einmal überhaupt ihre Wahrnehmung für die positive Rolle der Parteien und deren ethische Verantwortung schärfen.

ZUM WEITERLESEN:

Parteien zwischen Affären und Verantwortung. Anforderungen an eine Verantwortungsethik politischer Parteien aus christlich-sozialethischer Perspektive (Schriften des Instituts für Christliche Sozialwissenschaften der Westfälischen Wilhelms-Universität Münster; 52), mit einem Vorwort des Verfassers, Münster i. Westf.: Lit 2005, 488 Seiten.

Die Arbeit wurde 2005 ausgezeichnet mit dem Friedrich-Brenner-Preis des Erzbischofs von Bamberg als beste theologische Dissertation des Studienjahres.

Der Verfasser ist promovierter Theologe und Diplompädagoge.